Edel Kids Books – Ein Verlag der Edel Verlagsgruppe
Copyright © 2021 Edel Germany GmbH, Neumühlen 17, 22763 Hamburg
www.edel.com
1. Auflage 2021

Text: Carola von Kessel
Umschlag- und Innenillustrationen: Marie Zippel
Umschlaggestaltung und Satz: Janina Michna
Projektkoordination und Lektorat: Rebecca Hirsch
Herstellung: Frank Jansen
Printed in China
Alle Rechte vorbehalten. All rights reserved.
Das Werk darf – auch teilweise – nur mit Genehmigung
des Verlages wiedergegeben werden.

ISBN 978-3-96129-216-5

Carola von Kessel · Marie Zippel

Weihnachtsfest beim BÄREN

»Juhu, es schneit!« Der kleine Bär hüpft fröhlich durch den Winterwald.

Dicke, weiche Flocken legen sich auf sein Fell und überziehen die Bäume und Sträucher mit einem glitzernden Schleier. Ob man die Flocken wohl auch fangen kann?

Huch, da ist ja noch jemand!
»Hallo, kleiner Dachs!«, begrüßt der Bär seinen Freund,
mit dem er gerade zusammengestoßen ist. »Hast du dir wehgetan?«

»Nein, nein«, beruhigt ihn der Dachs. »Aber ich muss schnell weiter,
den Weihnachtsmann suchen. Ich habe dieses Jahr nämlich einen
ganz wichtigen Weihnachtswunsch.« Der kleine Dachs
sieht traurig aus, als er sich umdreht und weitereilt.

Der kleine Bär weiß, was seinem Freund Kummer bereitet. Papa Dachs hat eine schlimme Erkältung. Sein bellender Husten ist im ganzen Wald zu hören. Bestimmt wünscht sich der kleine Dachs zu Weihnachten nichts sehnlicher, als dass es seinem Papa bald besser geht.

Aber warum bis Heiligabend warten?
Der kleine Bär hat eine Idee. Er schnappt sich Honig und Kiefernnadeln und legt los!

Der kleine Bär ist froh, dass er helfen konnte. Als er weiterläuft, hört er ein leises Fiepen. Wer raschelt da im Dickicht?

Eine winzige Waldmaus schiebt schnaufend einen Baumzapfen vor sich her. Doch die Maus kommt kaum vom Fleck!

»Brauchst du Hilfe?«, fragt der kleine Bär.

»Oh ja«, keucht die Maus. »Der Zapfen soll in meine Vorratskammer – dort drüben unter der Baumwurzel.«

Schwupp, schon trägt der kleine Bär die Maus und den Zapfen hinüber.

Es dauert eine Weile, bis der kleine Dachs zurückkehrt.

»Keine Ahnung, wo der Weihnachtsmann steckt«, berichtet er niedergeschlagen. »Jedenfalls nicht hier in der Nähe.«

Gut, dass der Bär eine Überraschung für ihn hat!

Für den kleinen Dachs

Der kleine Dachs freut sich riesig. »Vielen Dank, kleiner Bär! Das bringe ich gleich meinem Papa!«

»Danke sehr!« Die kleine Maus strahlt, dass ihre Schnurrhaare nur so wackeln. »Das reicht für die nächsten Tage. Und zu Weihnachten habe ich mir schon weitere Vorräte gewünscht.«

Der kleine Bär horcht auf. Für ihn ist es ein Klacks, die Vorratskammer der Maus zu füllen! Schon saust er los und sammelt auf, was Mäuse gerne mögen.

»Wie lieb von dir!«, haucht die Maus. »Ich wollte schon immer mal Parmesan probieren.« Der kleine Bär freut sich mit ihr. Es gibt nichts Schöneres, als anderen eine Freude zu bereiten!

Nanu, was ist das für ein Gezwitscher?
Bei den Rotkehlchen geht es hoch her!

»Unser Nest ist viel zu klein!«, schimpft Mama Rotkehlchen.
»Der Platz reicht hinten und vorne nicht für die vielen Weihnachtsgäste!«

»Aber ohne Besuch wäre Weihnachten nur halb so schön«,
wendet Papa Rotkehlchen ein.

Den Weihnachtswunsch der Rotkehlchen kann sich der kleine Bär denken. Los geht's, so schnell ihn seine Pfoten tragen! Er sammelt Zweige und rote Beeren und bringt alles an einen ruhigen Platz.

Aufgeregt flattern die Vögel los. Der kleine Bär begleitet sie am Boden.
»Oh, ist das schön!« Die Rotkehlchen kuscheln sich in ihr neues Nest.
»Danke, kleiner Bär!«
»Endlich haben wir genug Platz für alle Verwandten«,
freut sich Mama Rotkehlchen.

Fröhlich zieht der kleine Bär weiter.

Auf einer Lichtung sieht der Bär ein Reh, das rastlos seine Runden dreht.

»Was machst du denn da?«, erkundigt er sich.

Das Reh bleibt stehen. »Ich habe niemanden zum Spielen«, erzählt es betrübt. »Alle meine Freunde halten Winterschlaf. Vor Langeweile stapfe ich Muster in den Schnee.«

Der kleine Bär verkneift sich ein Lächeln. Ist doch klar, wie er dem Reh helfen kann! Aber das soll eine Überraschung werden.

Das Reh schaut ihn fragend an. »Meinst du, man kann sich zu Weihnachten auch Freunde wünschen?«

Natürlich kann man das – aber es geht auch einfacher!
»Ich komme gleich wieder!«, verspricht der kleine Bär und eilt los.
Ruck, zuck bastelt er mit Kastanien und Zweigen drauflos.

»Jippie!« Das Reh macht einen Luftsprung. »So einen kleinen Spielkameraden habe ich mir schon lange gewünscht. Tausend Dank, kleiner Bär! Und natürlich habe ich riesig Lust, mit dir zu spielen!«

Gemeinsam toben der kleine Bär und das Reh durch den Winterwald.

Das hat Spaß gemacht! Nach dem Spielen ruhen sich die beiden aus und pusten Atemwölkchen in die Luft. Als er die glänzenden Augen des Rehs sieht, ist der kleine Bär sehr froh. Es ist einfach wunderbar, andere glücklich zu machen!

»Morgen spielen wir weiter«, verspricht er beim Abschied.

Vergnügt macht sich der Bär auf den Heimweg.
Ist das dort oben etwa der Weihnachtsmann mit seinem Schlitten?
Ob er den Waldtieren wohl ihre Geschenke bringt?

Plötzlich fällt dem Bären etwas ein. War es überhaupt richtig,
die Wünsche der Waldtiere zu erfüllen? Ist das nicht
eigentlich die Aufgabe des Weihnachtsmanns?

Auf einmal fühlt er sich gar nicht mehr gut.
Ihm wird abwechselnd heiß und kalt.
Was nun?

Nanu, vor der Bärenhöhle steht ein Paket!

Am Waldrand schimmert ein Lichtschein durch die Bäume. Der kleine Bär hört eine feine Melodie, und trotz der Winterkälte ist ihm plötzlich ganz warm ums Herz.

»Frohe Weihnachten!«, rufen die Waldtiere.

Im Schnee liegt ein ganzer Stapel von Geschenken. Auch für den Bären sind welche dabei. Ob die wohl vom Weihnachtsmann kommen?

Die Biber spielen auf Eiszapfen wohlklingende Weihnachtslieder, und die Waldtiere singen dazu. Die Stimme von Papa Dachs ist noch etwas kratzig, aber es geht ihm schon viel besser!

Nach dem Singen lassen sich die Waldtiere getrocknete Früchte und Nüsse schmecken. Auch die Waldmaus hat von ihren Vorräten mitgebracht, so viel sie tragen konnte.

Der kleine Bär ist von Kopf bis Pfote erfüllt von wunderbarem Weihnachtsglück.
Er weiß nicht, was schöner ist: Wünsche zu erfüllen oder selbst beschenkt
zu werden? Beides gehört einfach zusammen, denn es ist Weihnachten,
das Fest der Liebe!